REVUE ENCYCLOPÉDIQUE.

Extrait du cahier d'avril 1832 (1).

DE LA NÉCESSITÉ D'UNE REPRÉSENTATION SPÉCIALE POUR LES PROLÉTAIRES.

> « La puissance législative sera confiée et au corps des nobles (*privilégiés*)
> » et au corps qui sera choisi pour représenter le peuple , qui auront
> » chacun leurs assemblées et leurs délibérations à part , et des vues et
> » des intérêts séparés. »
>
> MONTESQUIEU.

Le gouvernement représentatif, qui paraissait à tant de bons esprits, il y a quelques années à peine, renfermer en lui le principe d'une longue existence, dont on admirait le mécanisme comme le chef-d'œuvre de l'esprit humain et l'instrument nécessaire au développement progressif de la civilisation et de la liberté, est aujourd'hui publiquement tombé dans un discrédit si profond qu'il semble que la nation le confonde tout entier dans le même mépris dont elle a enveloppé ce juste milieu, auquel elle a laissé pour sobriquet le nom dont il s'était lui-même décoré. L'état de décomposition auquel il est parvenu dans les esprits est comme une gangrène intestine; et l'on dirait que, rebelle à tout remède, le mal, qui chaque jour s'avance, doit s'étendre de proche en proche jusqu'aux extrémités, et frapper de pourriture les membres doués encore d'un dernier reste de mouvement et de spontanéité. Cependant il arrive souvent qu'un traitement habilement mé-

---

(1) On s'abonne au bureau de la *Revue Encyclopédique*, RUE DES SAINTS-PÈRES , nᵒ 26.

PRIX DE L'ABONNEMENT,

	Pour l'année.	Pour six mois.
A Paris........................	46 fr.	26 fr.
Dans les départemens	53	30
A l'étranger.....................	60	34

nagé, ou un membre sagement retranché, opérant une révolution imprévue, ramènent la santé et font couler dans les veines malades un sang plus actif et plus pur ; et parfois aussi le moribond languissant et faible, trompant l'impatient calcul des héritiers, les force chaque jour à rejeter au lendemain leur espérance, et, démentant toute règle et toute expérience, traîne encore bien au-delà des bornes de la saison fatale son souffle ralenti et glacé. Il faut donc, d'une part, être attentif et réfléchi, et ne point se hâter de condamner avant d'avoir pesé toutes les chances de salut, et, de l'autre, craindre de se laisser emporter par des désirs anticipés, et se garder de donner toute confiance au tems, qui nous trompe souvent et rarement se soumet à notre ordre.

Les uns ont jeté un superbe anathème sur la guenille représentative qui entoure les dorures du trône quasi-légitime ; et, pensant le principe anéanti parce que sa grossière effigie, après avoir été marquée et flagellée, avait été traînée par la foule dans le ruisseau des rues, ils se sont enfuis bien loin des théories anglaises, et se sont mis à voyager dans l'espace pour y découvrir un principe gouvernemental nouveau et préparer la rénovation universelle du genre humain par le puissant essor de leur génie inventif. Les autres, pleins de foi dans la Providence des peuples, et, marchant à l'avenir aussi résolus et décidés que si la loi de cette Providence était la loi de la fatalité, implorent pour l'Europe quelques jours seulement de fermentation et de bouillonnement, assurés que la consolidation et la paix doivent sortir du sein de ce tumulte et de cette effervescence, comme le monde du sein de l'antique chaos ; consacrant tout leur travail à accélérer cette crise salutaire, et ne voulant rien préjuger au-delà, ils se réduisent, pour toute conception générale, à demander que le sceau de l'élection populaire soit imposé sur le front du pouvoir exécutif. Sans doute il y a pour une tempête prochaine autant de certitude qu'il est permis à l'esprit de l'homme d'en amasser ; mais, en ne se préparant que pour les jours d'orage, pour la règle desquels il n'y a ni prévision ni calcul, ne laissent-ils pas une place libre au-dessus d'eux à ceux qui se transportent au-delà de la chute des derniers représentans de la féodalité, et méditent sur les combinaisons harmonieuses qui devront réunir les élémens affranchis? le temple d'Antium est détruit, et ceux qui adressent leurs prières et leur vœux à la Fortune ne songent pas que cette sourde et aveugle déesse n'est plus qu'une impuissante idole.

D'ailleurs, bien que l'histoire soit ouverte devant nous pour nous enseigner avec quels terribles mouvemens les peuples avancent dans la voie du progrès, et bien qu'il ne soit guère permis de penser que l'Europe puisse se débarrasser sans violence des liens qui l'oppressent encore, et marcher pacifiquement à la liberté sous les tutélaires auspices de la royauté légitime, cependant la question de la guerre, si évidente chaque fois que l'on pèse un peu sur la réalité, est encore enveloppée dans cette obscurité du tems si impénétrable à nos regards. Il n'est point donné aux hommes d'écrire à l'avance leur histoire et de jalonner l'avenir avec des dates, comme ils en jalonnent le passé ; les plans tracés pour le lendemain toujours reposent sur des hypothèses et toujours se mêlent avec le tems, cet éternel élément si difficile à introduire dans le calcul des probabilités politiques. Imprudens et téméraires ceux qui croient pouvoir tout trancher à la lame de l'épée, et tout résoudre au gré de leurs passions et de leurs désirs. La sagesse humaine consiste à savoir s'emparer des événemens, alors même qu'ils paraissent les plus rebelles et les plus rudes, pour les façonner et en faire des instrumens utiles.

Depuis deux ans, cependant, tous ceux que passionne l'amour du mouvement ont-ils pensé qu'il faut savoir pousser le char du peuple à travers la paix comme à travers la guerre? Entraînés par leur fougueuse impatience, ils n'ont cessé d'invoquer à grands cris la guerre, et de lui demander de rouvrir sa vaste carrière de perfectionnement et de propagande. Mais tout a été étouffé, et la paix artificielle de la sainte-alliance a continué à peser sur les peuples disciplinés et groupés en royaumes. Sans doute il eût été difficile dès l'origine, en jetant sa vue à deux années en avant, de comprendre l'état de l'Europe tel qu'il est aujourd'hui ; sans doute on ne pouvait prévoir la paix, ni en présence de la France qui, tout émue et toute fière d'avoir repris sa glorieuse initiative et reconquis l'indépendance de ses pères, semblait enseigner à tous, par son exemple, à quoi tiennent les trônes et comment on chasse les tyrans, ni en présence de la Belgique qui refoulait violemment la Hollande dans ses marécages sous les yeux de la Prusse son alliée et sa parente, ni en présence de l'Espagne dont nous armions les frontières, ni en présence des éclatantes séditions de l'Italie et de la sourde effervescence de l'Allemagne ; sans doute il eût été insensé d'y penser ce jour où les troupes de la Russie commençant à s'ébranler contre l'Occident, la Pologne, imitant le dévouement des Thermopyles, résolut d'arrêter aux portes de la civilisation le nouveau Xercès ; plus insensé et plus lâche d'y penser ce jour funèbre où circula la nouvelle de mort, et où l'on ne trouvait plus de paroles que pour la colère et la menace. Toutes ces choses sont venues à la suite, s'entassant l'une sur l'autre ; et cependant la guerre a fait défaut, et l'événement a démenti toutes les prévoyances. La guerre avait été faite condition d'avènement pour le peuple, et, la guerre manquant, le peuple est resté dans sa misère et dans son abandon.

Dira-t-on que toutes chances ne sont point perdues, et qu'il ne faut point se dépouiller de tout courage et de toute espérance ? Mais je répondrai que bien des hommes déjà sont rentrés dans l'abattement et dans le dégoût de l'avenir, qu'il n'est pas évident que la république universelle soit si voisine qu'on puisse en l'attendant prendre patience et se résigner au présent, qu'il n'est pas démontré qu'on doive jeter bas tout espoir de salut en jetant bas tout espoir prochain de révolution et de secousse. Je demanderai enfin ce que l'on propose de faire pour l'amélioration des masses tant que nous serons condamnés au régime bâtard qui nous gouverne ; je demanderai si nous n'avons pas porté déjà deux grandes années de cet ingrat système qui après avoir débuté par l'immobilité s'enhardit jusqu'à la réaction, et combien nous devons le porter encore sans espoir de progrès. Ne peut-on pas dire que si les doctrinaires, conduits par la timidité et l'égoïsme, ont tout sacrifié à la paix, les républicains, emportés par le dévouement et l'ardeur, ont tout sacrifié à la guerre? Il ont consenti à confier le sort du peuple à l'épreuve de cette balance dans laquelle Jupiter pèse les destinées; et le plateau de la paix, en s'abaissant vers la terre, leur a enlevé l'empire et a donné la victoire à leurs compétiteurs.

Nous vivons en un tel tems de désordre et d'incertitude que chaque jour il faut préparer pour le lendemain autant de solutions nouvelles qu'il y a d'événemens nouveaux qui se balancent à l'horizon; le vaste champ du possible s'agrandit bien au-delà de la France, et notre œil a peine à embrasser l'étendue de cet horizon européen. Notre raison a reçu le choc de tant de faits inattendus, que le passé doit devenir pour elle une haute leçon, et lui apprendre qu'il faut toujours se méfier et toujours être prêt aux alertes; car souvent ce que l'on a rejeté loin de soi en le traitant d'absurde et de chimérique se relève traîtreusement contre nous, et, profitant de notre imprudente assurance, nous surprend et nous attaque au dépourvu. Nous naviguons sur un océan inconnu; et, comme le matelot expérimenté, nous devons tracer à la fois nos projets pour le calme et pour l'orage; le ciel qui s'étend sur nos têtes, et qui semble couver la tempête, nous trompe peut-être, et se prépare à nous renouveler encore la continuation de ces longues et accablantes journées de la restauration, qu'avait interrompues un instant le tourbillon passager de l'ouragan. Et si, en effet, l'apathie des esprits, le défaut d'idées précises, la domination des circonstances étrangères, le tems qui, en politique, parfois coule si vite et parfois si lentement; si toutes ces choses devaient s'unir pour soutenir le règne d'une seconde restauration au milieu de toutes les haines, de toutes les injures, de toutes les sourdes menaces, comme elles s'étaient unies déjà pour soutenir le règne de la première, nous faudrait-il attendre quinze ans que le peuple, lassé de ne rien recevoir, se décidât enfin ? Ne devons-nous pas chercher des armes avec lesquelles nous puissions contraindre cette royauté, même vivante et assise sur son trône, à tourner ses regards vers les besoins et les souffrances de ceux qu'elle nomme ses sujets, et pour le soulagement desquels elle gémit de n'avoir rien à faire ?

C'est à la presse, cet ardent foyer de l'opinion publique qui verse sur les masses qui l'entourent ses flots de chaleur et de lumière, c'est à la presse qu'il importe surtout de se poser hardiment son but et de se créer sa tâche. Jusqu'ici emportée dans le flagrant tourbillon de la politique, entraînée par la fougueuse fermentation des passions et des espérances, remettant à d'autres tems le soin de préparer des coups mieux médités et mieux étudiés, elle s'est donnée tout entière à cette marche bondissante de nouvelliste commentateur ; ne cherchant d'autre aliment à ses enseignemens que des textes puisés aux portefeuilles des diplomates et des ministres, elle semblait en quelque sorte renoncer à la préséance, et abandonner volontairement au pouvoir l'initiative en toute matière, à la seule condition de conserver pour elle la censure et la réplique. Mais aujourd'hui qu'en Europe tout tumulte s'apaise, que tout, même l'Angleterre, devient silencieux et tranquille ; aujourd'hui, que notre gouvernement, protégé par le calme qui l'environne, semble paisiblement rentré dans toute la jouissance de sa nullité, que sa médiocrité est chose convenue et que lui-même accorde, que ses méfaits, soigneusement recueillis durant deux ans, forment un tel monceau qu'il est superflu de se baisser pour en ramasser davantage ; aujourd'hui que le mépris a si bien imbibé et pénétré toutes choses que la critique glisse à la surface et ne prend plus nulle part, aujourd'hui c'est en dehors du mouvement et de la pensée de l'autorité publique qu'il faut chercher quelque vie et quelque inspiration.

Le moment est venu où le salut de la société exige que la presse se place dans une voie plus large ; il ne s'agit plus d'escarmoucher et de se fatiguer à des combats d'avant-postes, il faut se porter au centre des questions, et attaquer par leur base toutes ces mesquines opérations et ces absurdes tripotages de la race bâtarde des monarques doctrinaires : il n'y a que les enfans et les fous qui perdent le tems à se récrier contre les abus; les sages cherchent le siége des abus et y portent remède. Et ne voyez-vous pas que si c'est dans le vice de la représentation nationale que se trouve la cause du mal, c'est à ce vice qu'il se faut adres-ser, et non point aux conséquences qu'il entraîne après lui. Tra-vaillez sans relâche, fatiguez-vous à maintenir à pleins bords le ni-veau des affaires, versez-y à grands flots, pour en combler la mesure, le tribut de vos corrections et de vos amendemens : ne voyez-vous pas que si le vase est mal joint, vous faites une œuvre plus insen-sée que l'œuvre des Danaïdes, que vous vous repaissez d'illusion en vous repaissant d'espérance, et que votre tâche, qui chaque jour est la même et chaque jour recommence, est une tâche sans terme et sans raison? Et n'est-il pas évident que, si les intérêts du peuple ont besoin, pour être représentés, d'emprunter le secours de votre parole et de votre éloquence, c'est qu'ils s'échappent et se perdent à travers les larges ouvertures de l'enceinte parlemen-taire?

C'est donc là que se trouve la question tout entière, et c'est là surtout ce qui demande à être gravement pesé et gravement étudié.

Toute la destinée de l'avenir semble comprise dans cette pensée du sage que la voix publique répète chaque jour, et qui cir-cule autour de nous comme une leçon vulgaire, que bien peu arrêtent au passage pour la laisser retentir dans la sérieuse pro-fondeur de leur esprit : « La voix du peuple est la voix de Dieu.» Dieu en effet, en créant les hommes égaux, a voulu les réunir dans des limites semblables à celles qui embrassent les enfans d'une même famille, et, tout en permettant à la variété de répandre sur leurs figures des nuances et des dissemblances, il les a toutes com-prises cependant entre les bornes d'un type infranchissable, et il n'a pas voulu que la tête d'un homme, quel que fût son génie et sa force, jetée en contrepoids du plateau qui contient l'humanité tout entière, pût l'ébranler à elle seule, le soulever et le forcer à céder devant elle. Pour faire connaître à l'humanité son ordre et sa volonté, il n'accepte pas entre lui et elle des délégués intermédiaires; la même puissance qui ouvre les cœurs aux passions généreuses les a ouverts à la passion du progrès; la parole du peuple est une parole qu'il inspire lui-même, et qui sans cesse s'exhale, confuse, indistincte, ignorée, et c'est cette parole cependant qu'il importe de consulter et de comprendre; car c'est elle qui rend aujourd'hui les oracles, et qui sanctionne de son consentement et de son accord les vérités nouvelles dont la masse grandit et s'accroît d'heure en heure. Sans doute il faut savoir rendre aux grands hommes leur part, et ne point tomber dans les excès de l'injustice en cherchant à fuir les excès de l'inégalité; sans doute, dans la foule, bien des têtes se dressent et dominent les autres : mais des plus grands on vient aux plus petits par degrés insensibles, et les géans n'existent que dans la tradition de nos pères. Tout a disparu dans le passé autour de ces hautes figures qui se tiennent encore debout, les pieds plongés dans la poussière du tems; mais si nous pouvions animer cette poudre silencieuse qui dort devant eux, et évoquer de son sein l'image inconnue de tant d'hommes qui ont vécu à leur côtés et partagé leur travaux sans partager leur gloire; si, dans les trésors dont ils nous ont laissé l'héritage, nous pouvions séparer le fruit individuel de leur génie, du produit de l'impôt perçu par eux sur leurs contemporains et rassemblé pièce à pièce ; si dans l'inspiration de leur ame nous pouvions sentir tout ce qui s'exhalait de la chaleur du siècle, alors nous penserions peut-être que leur taille eût paru moins élevée, si l'on ne s'était pas agenouillé devant eux. Déclarons donc résolument que ni la sagesse ni l'amour du bien public ne donnent le droit de faire la loi aux hommes, et que toute pensée philosophique, avant de revenir épurée et digne de se répandre dans la réalité, doit passer par l'épreuve du sentiment universel, qui seul la sanctionne de son autorité, et, transformant son essence, d'humaine et d'imparfaite qu'elle était, la rend toute sacrée et toute divine.

Sans doute ce pouvoir moderne, né de la liberté de la presse et flottant dans son indépendance sans recevoir de règle et sans en imposer, devenu de plus en plus le pouvoir du génie et de l'intelligence, et s'asseyant au centre des générations pour nourrir leur esprit et animer leur progrès, rayonnera librement un jour jusqu'au sein de ces masses aujourd'hui délaissées dans leur ignorance et condamnées à l'ilotisme ; sans doute, un jour, la logique toute-puissante du peuple affranchissant ses représentans de toute tutelle et de tout patronage, ils cesseront de demeurer groupés aux pieds de cette idole gothique qui depuis quarante ans demeure sans tête pour porter la couronne, et qui, soigneusement mutilée de toutes les armes dont elle était hérissée, nous reste comme une relique du vieux tems, vêtue de quelques oripeaux sous lesquels elle prétend abriter encore le privilége de sa mystique inviolabilité ; et sans doute aussi il sera alors donné à tous de voir et de comprendre comment la liberté s'accorde avec l'association, et comment l'humanité, pour continuer à marcher en avant, n'a plus besoin des prodiges d'une création nouvelle ou d'une rénovation universelle, mais seulement de l'épanouissement naturel des germes qu'elle renferme et alimente sans cesse. Mais, au milieu de tout ce mouvement, le progrès de la représentation nationale est ce qu'il importe avant tout d'assurer et de soutenir ; car c'est en lui que vient se concentrer tout le progrès de la science gouvernementale : c'est lui seul qui ramènera peu à peu l'ordre et l'autorité au milieu de nos sociétés affranchies ; c'est lui seul qui, réglant peu à peu l'immense assemblée du peuple, précisera le son confus de toutes ces voix et l'expression tumultueuse de toutes ces volontés, lui enfin qui, remplacant le sacerdoce des papes et la légitimité des rois, réunira au sein de l'humanité, en un foyer nouveau, la vérité et la force avec l'indépendance.

D'où vient donc que ce principe de la représentation nationale, qui semble être le sceau de l'alliance des gouvernemens et des peuples, et qui devrait, comme l'arche sainte, être religieusement gardé par la vénération universelle et protégé par elle contre toute profanation et toute impiété, d'où vient que ce principe, livré aux insolens blasphèmes des ennemis du progrès ou de la liberté, est aujourd'hui abandonné aux outrages, et délaissé dans sa détresse par ses disciples les plus fidèles ? d'ou vient que cette représentation nationale elle-même, essence féconde merveilleusement distillée de la vie d'une grande nation, convention puissante qui devrait tenir en elle toute la force, toute la sagesse, toute la volonté dont dispose le peuple, d'où vient que cette représentation nationale, placée au milieu des tems les plus fertiles en grands événemens et les plus spacieux pour le déploiement des grandes choses, n'a su trouver en elle ni ame ni mouvement, et a semblé prendre à tâche d'ouvrir l'histoire de la France nouvelle par des pages semblables à celles des règnes indolens des successeurs abâtardis du premier de ses rois ? Le principe serait-il faux et méprisable en effet, fait tout au plus pour une restauration de quinze ans, et bon pour servir de transition passagère vers d'autres destinées ? le peuple serait-il incapable de comprendre sa propre cause et de diriger son mouvement par sa propre pensée ? et faut-il donc alors, pour oser croire à la religion du progrès, se déclarer dans l'attente d'un messie inconnu ou chercher la discipline de quelque génie révélateur ? Certes nous ne rejetterons pas toute assurance de liberté pour nos enfans, et nous ne nous soumettrons pas à n'avoir pour avenir d'autre espoir que celui d'un miracle du ciel ; nous demeurerons bien plutôt convaincus, au spectacle de la déconsidération et de l'impuissance de ce principe conservateur, que ce n'est pas sur lui que doit retomber le discrédit et le blâme, mais bien sur la défectueuse application qu'on en a prétendu faire. Si la machine chancèle, et si sa force faiblit et tombe, nous ne nous écrierons point avec dédain que la source qui l'alimente est froide et sans bouillonnement, ou que la vapeur qu'elle exhale est sans énergie et sans activité; mais nous croirons bien plutôt que les membrures sont disjointes ou les conduits obstrués, et que le principe moteur caché à nos regards s'échappe par quelque issue, ou peut-être s'amasse en silence à nos côtés et nous prépare de terribles éclats.

Il est donc inutile de dépenser sa peine à un stérile contrôle; quand il importe avant tout de remonter à l'origine du mal, et de se servir de l'analyse des causes pour apprécier les conséquences et appuyer son jugement et sa prévision.

Or, si nous considérons la loi électorale, application du principe théorique à la réalité actuelle, nous voyons que, dans sa formule la plus générale, partant de cette hypothèse que dans la nation tous les intérêts sont semblables et de même nature, elle simplifie dès l'abord la question en négligeant les intérêts inférieurs et tenant compte uniquement de ceux dont la valeur est la plus haute. Si, en effet, dans la nation les intérêts étaient, comme la loi le suppose, homogènes et analogues, on pourrait se contenter de recueillir les plus éminens et les plus forts, et simplifier le mouvement social en n'admettant à la représentation que cette élite de l'opinion commune; ou si, en effet, les sociétés avaient déclaré reconnaître pour but de leur existence l'immobilité et le maintien du passé, et proscrire le changement et le progrès vers l'avenir, il pourrait être juste de rejeter comme dangereux et contraires au bien public tous les intérêts d'amélioration et de nouveauté, et de n'admettre comme réels et comme légitimes que les intérêts de stabilité et de conservation. Mais il est faux que dans la nation tous les intérêts soient les mêmes, et, cela démontré, il est faux que l'on puisse tenir compte des uns et négliger les autres: le principe de la représentation nationale ne conduit à ses vraies conséquences que lorsqu'en l'appliquant à la réalité on parvient à représenter en effet l'intérêt de la nation tout entière.

On est donc entraîné d'une part à l'erreur, en s'adressant à la richesse comme donnant garantie d'intelligence et de raison; car l'on soutire en même tems toute l'essence d'égoïsme et d'aristocratie, et on laisse échapper tout ce qui répond au désir d'amélioration des classes inférieures. Mais on tomberait également dans l'erreur en supposant à tous les votes le même poids, et en se contentant de comparer les nombres ; le nombre et le poids font seuls la mesure, et en ôtant ainsi toute influence à une minorité dont les idées n'étaient pas sans valeur, on l'étoufferait injustement sous l'exubérance d'une majorité numériquement plus puissante.

On ne saurait donc atteindre la vérité qu'en classant par groupes homogènes les intérêts de même nature, et en donnant à chacun son droit et son organe ; car chacun représente sa part de l'intérêt social, chacun a sa légitimité, et chacun doit aussi avoir sa garantie. Dans l'avenir, sans doute, le contrat général d'association se rapprochant de plus en plus des conditions imposées par l'égalité et par la liberté, bien des intérêts différens aujourd'hui se rapprocheront, et finiront par se confondre en un même accord ; mais jusque-là il y a déloyauté ou déraison à vouloir établir l'équilibre en effaçant un parti sous un autre plus riche ou plus nombreux (1).

Or maintenant posons le pied sur le terrain de la réalité présente.

Je dis que le peuple se compose de deux classes distinctes de conditions et distinctes d'intérêt : les prolétaires et les bourgeois.

Je nomme prolétaires les hommes qui produisent toute la richesse de la nation, qui ne possèdent que le salaire journalier de leur travail et dont le travail dépend de causes laissées en dehors d'eux, qui ne retirent chaque jour du fruit de leur peine qu'une faible portion incessamment réduite par la concurrence, qui ne reposent leur lendemain que sur une espérance chancelante comme le mouvement incertain et déréglé de l'industrie, et qui n'entrevoient de salut pour leur vieillesse que dans une place à l'hôpital ou dans une mort anticipée. Je nomme prolétaires les ouvriers des villes et les paysans des campagnes, soixante mille hommes qui font de la soie à Lyon, quarante mille du coton à Rouen, vingt mille du ruban à Saint-Étienne, et tant d'autres pour le dénombrement desquels on peut ouvrir les statistiques ; l'immense population des villages, qui laboure nos champs et cultive nos vignes, sans posséder ni la moisson ni la vendange ; vingt-deux millions d'hommes enfin, incultes, délaissés, misérables, réduits à soutenir leur vie avec six sous par jour. Voilà ce que je nomme prolétaires.

---

(1) Je crois utile de rappeler ici un document statistique qui a déjà été publié plusieurs fois, et dont les chiffres, dans leur langage concis, résument en quelques lignes une abondante matière de réflexions et de discours. Sans doute en France la production de la richesse est trop déréglée pour qu'il soit possible d'en faire une évaluation bien certaine ; mais, en jetant les yeux sur ce tableau, on conviendra qu'on peut laisser à l'erreur une belle place sans cesser de s'étonner de tant d'inégalité et de tant de misère.

En rangeant la population totale de la France en douze classes, et en attribuant à chaque citoyen pour revenu la moyenne du revenu de la classe dont il fait partie, on arrive aux résultats suivans :

CLASSES.	NOMBRE D'INDIVIDUS.	REVENU PAR TÊTE.		PAR JOUR ET PAR TÊTE.	
		fr.	c.	fr.	c.
1	152,000	4,000	»	10	96
2	150,000	2,500	»	6	85
3	150,000	1,600	»	2	74
4	400,000	600	»	1	64
5	400,000	400	»	1	10
6	1,000,000	350	»		96
7	2,000,000	300	»		82
8	2,000.000	250	»		69
9	3,000,000	200	»		55
10	7,500,000	150	»		41
11	7,500,000	120	»		33
12	7,500.000	91	84		25

Je nomme bourgeois les hommes à la destinée desquels la destinée des prolétaires est soumise et enchaînée, les hommes qui possèdent des capitaux et vivent du revenu annuel qu'ils leur rendent, qui tiennent l'industrie à leurs gages et qui l'élèvent et l'abaissent au gré de leur consommation, qui jouissent pleinement du présent, et n'ont de vœu pour leur sort du lendemain que la continuation de leur sort de la veille et l'éternelle continuation d'une constitution qui leur donne le premier rang et la meilleure part. Je nomme bourgeois les propriétaires depuis les plus riches, seigneurs dans nos villes, jusqu'aux plus petits aristocrates dans nos villages, les deux mille fabricans de Lyon, les cinq cents fabricans de Saint-Étienne, tous ces tenanciers féodaux de l'industrie ; je nomme bourgeois les deux cent mille électeurs inscrits au tableau, et tous ceux qui pourront encore augmenter la liste, si l'opposition libérale arrive à son but et parvient à réduire le cens à un niveau plus bas. Voilà ce que je nomme bourgeois.

Dira-t-on que ces deux classes n'existent pas, parce qu'il n'y a pas entre elles une barrière infranchissable ou une muraille d'airain ; parce qu'on voit des bourgeois travailleurs et des prolétaires propriétaires ? Mais je répondrai qu'entre les nuances les plus tranchées il y a toujours une nuance intermédiaire, et que personne, dans nos colonies, ne s'avise de nier l'existence des blancs et l'existence des noirs, parce que l'on voit entre eux des mulâtres et des métis.

Caractérisons actuellement l'intérêt des prolétaires et l'intérêt des bourgeois sur les questions qui s'agitent autour de nous.

Sur la question qui renferme la destinée de l'Europe, la question de la guerre, désaccord. L'ardeur belliqueuse des prolétaires est soutenue par l'héritage de la gloire militaire de la république et de l'empire, qui appartint à leurs pères, soutenue par le désir de changement habituel à ceux qui souffrent, par la perspective de la chance des batailles, où tout est pesé à sa valeur, où l'égalité subsiste dans toute sa justice et toute son étendue ;

salaire de leurs familles, réduit au strict nécessaire, ne peut diminuer ; peu leur importe que la richesse, au lieu de se consommer dans les salons, aille se consommer dans les camps, et même les armées, en créant des débouchés nouveaux, doivent fournir du travail et ranimer l'industrie. D'ailleurs, les prolétaires savent bien qu'entre les peuples et les rois il n'y a point d'alliance possible, et que, pour trouver appui à leur république en Europe, il faut en chasser la servitude et affranchir les nations étrangères. Les bourgeois se soucient peu de la guerre : la restauration fut leur époque la plus florissante et la plus belle ; tranquilles dans la jouissance de leurs biens, ils doivent redouter, par dessus toutes choses, de voir la richesse nationale, quittant son cours habituel qui la portait vers eux, aller entretenir l'exorbitante consommation des armées. D'ailleurs, grâce au roi quasi-légitime qu'ils ont assis sur le trône que les prolétaires avaient brisé, ils ont pu rétablir avec les princes une sorte d'alliance ; et leurs ambassadeurs, quoique reçus dans les cours étrangères comme les marchands chez les seigneurs, trouvent accueil cependant et nouent les liaisons diplomatiques de la France avec celles de la Russie et de l'Autriche. Le retour au régime de la restauration, émané il y a quinze ans du consentement des potentats de l'Europe, est donc ce qui convient à leur intérêt.

Sur la question qui renferme la destinée de la génération à venir, celle de l'instruction publique, désaccord. Les prolétaires, soutenus par le sentiment de l'égalité si actif chez les petits, demandent que l'instruction soit la même là où le génie est le même, et que la constitution qui déclare l'égale admissibilité aux emplois déclare aussi l'égale admissibilité aux écoles. Ils comprennent bien d'ailleurs que, la concurrence formant la seule loi de l'association intérieure, ils seront nécessairement vaincus si les armes leur manquent, et s'ils se présentent sans ressources en face de leurs rivaux riches de toutes les ressources que leur fournissent à la fois le privilége et l'éducation. Sur ce point l'intérêt de la majorité de la nation est précis et évident. Mais quel motif pourrait engager les bourgeois à consentir à ce que l'enfance des prolétaires, soustraite au travail mécanique, fût consacrée au développement intellectuel? quelle compensation trouveraient-ils plus tard à cette dépense faite sur le fonds commun en faveur des prolétaires, à ce tems perdu à l'étude et voué au dangereux exercice de l'esprit? Ils sentent bien que cet égal partage des lumières leur serait funeste, car il rendrait leur domination moins assurée et leur prééminence moins facile sur cette classe nombreuse qu'ils ne primeraient plus par la puissance intellectuelle; il leur est aisé d'ailleurs d'entrevoir, à la suite de cette égalité essentielle de la capacité, un mouvement social nécessaire vers un état moins chargé de privilége et moins tolérant d'aristocratie. C'est donc là ce que les bourgeois doivent avant tout redouter; car ils savent bien que c'est le génie et non la force qui peut aujourd'hui affranchir les prolétaires, et ils ont signalé depuis long-tems le prolétaire éloquent comme aussi redoutable pour eux que le Spartacus antique pour les maîtres d'esclaves.

Sur la question qui embrasse l'organisation actuelle du pays, celle de l'impôt, désaccord. La classe prolétaire produit la richesse, en distrait pour son profit le strict nécessaire, et abandonne tout le reste au domaine de la classe bourgêoise : c'est sur ce domaine des bourgeois fourni par les prolétaires que, directement ou indirectement, l'impôt est toujours perçu. De cette différence de position par rapport à l'impôt résulte une différence de position analogue par rapport au budget. Le budget doit être considéré comme composé de deux parts, l'une destinée à la solde des fonctions publiques, l'autre destinée à l'entretien des établissemens d'utilité générale. La classe bourgeoise est peu stimulée à réduire la première, qui lui revient presqu'en totalité; elle est au contraire fortement excitée à réduire la seconde, qui se reverse, non sur elle seulement, mais sur la masse entière du peuple. La classe prolétaire est portée à penser tout autrement sur ce dernier chapitre, qui, destiné à ordonner ou à encourager de grands travaux, doit être pour elle une source nouvelle d'activité et de bien-être, en lui fournissant de l'ouvrage, et en l'appelant en outre à prendre sa part commune dans le produit de cet ouvrage. Il suit de là que les théories économiques adoptées par les bourgeois doivent les engager à éliminer peu à peu le gouvernement de toute intervention sociale, tandis que celles qui conviennent aux prolétaires doivent les engager à demander peu à peu au gouvernement des mesures de prévoyance et d'association, et à exiger de lui par conséquent une garantie plus assurée et une moralité plus solide. En présence de ce fait fondamental, liberté ou organisation en matière d'industrie, le reste n'est que secondaire. L'impôt indirect n'est avantageux à la classe bourgeoise que parce que son abolition dégrèverait momentanément la classe prolétaire, et qu'il faudrait attendre des années avant que l'action dévorante de la concurrence ait achevé de ronger l'accroissement momentané de la valeur du salaire, et l'ait enfin replacé à son tarif habituel, celui de la stricte mesure des nécessités de la vie. L'impôt progressif n'est qu'une contribution sur la haute aristocratie bourgeoise au profit de la petite.

Donc sur tous ces points désaccord, désaccord de sentimens et d'intérêts sur le présent et sur l'avenir.

Sous la restauration, la dissidence existait au fond, mais elle n'était point à sa maturité et demeurait enveloppée. La lutte à soutenir contre la noblesse que les Bourbons s'essayaient à rétablir unissait tout le peuple en un même intérêt politique, et les bourgeois, en représentant leurs intérêts, représentaient en même tems les intérêts des prolétaires. Le mouvement de hausse que le commerce dut nécessairement éprouver à la suite des guerres de la révolution et de l'empire faisait circuler la vie du prolétaire au bourgeois et du bourgeois au prolétaire, et les unissait en un même intérêt industriel ; car à chaque accroissement dans la production répondait toujours un accroissement semblable dans la consommation.

Aujourd'hui que l'anéantissement de la noblesse, préparé par les bourgeois et terminé par les prolétaires, est définitivement consommé, des intérêts négligés devant le danger commun et devenus plus pressans par les circonstances nouvelles se font jour. Le pouvoir de la bourgeoisie, qui, en présence du pouvoir de la noblesse, représentait le progrès, ne représente plus maintenant que la stabilité ; les besoins d'amélioration pour le peuple se font sentir, et demandent un organe. La population ouvrière s'est augmentée de huit millions, et la consommation ne saurait continuer sa marche ascendante, si l'on ne consent à préparer au commerce des voies nouvelles, en changeant la condition politique des prolétaires et en les appelant à parlementer autrement que dans les rues de Lyon.

Mais, si nous pouvons affirmer que les vues et les intérêts des deux classes du peuple sont séparés, nous pouvons affirmer aussi qu'ils ne sont pas contradictoires, et que le progrès devenu nécessaire pour le maintien des sociétés peut être acheté autrement que par la guerre civile. Les bourgeois et les prolétaires sont liés par une nécessité puissante, celle d'éviter que la consommation ne soit soumise à aucun trouble : les uns y perdent leurs jouissances, les autres leurs salaires. Il faut donc les admettre à concourir légalement au pouvoir et à produire la loi par un commun accord.

Sans doute si l'imprudence des rois enveloppe l'Europe dans la mêlée et ouvre de nouveau la lice pour le duel à mort des sujets et des maîtres, il sera question de batailles et non pas d'industrie, et la puissance du nombre devra seule avoir le droit et la domination ; les théories d'harmonie et d'organisation seront pour le jour où il ne s'agira plus de vaincre ou de mourir, et la presse, semblable à la prudente déesse des combats se jetant dans l'arène sanglante, n'aura plus à verser d'autre lumière que celle qui allume l'incendie, ni à enseigner d'autre parole que celle qui éveille le tocsin des villages et fait lever les baïonnettes des campagnes. Mais jusque là faut-il demeurer insouciant ou immobile ? Ne faut-il pas indiquer la raison profonde de cette politique anti-nationale qui, depuis deux ans, suit son cours en dépit de la résistance et des protestations ? Ne faut-il pas faire que la classe prolétaire puisse parler à son tour et chercher remède à cette misère dont nul de ses maîtres n'a souci? Ne faut-il pas que l'Europe apprenne que le grand Peuple n'est point mort, et que, si elle ne reconnaît plus ni ses traits ni sa voix, c'est que quelques bourgeois ne sont pas son image?

Il était évident qu'un gouvernement issu de la classe bourgeoise ne devait, au dedans et au dehors, représenter d'autre intérêt que celui de cette classe. C'est ce que depuis juillet, malgré la clameur universelle, il a exécuté avec une sévère et imperturbable logique; c'est ce qui a fait sacrifier la république à la quasi-restauration; c'est ce qui a fait sacrifier l'honneur du nom français, le sang de la Pologne, la liberté de l'Espagne et de l'Italie à l'exigence et au despotisme des rois; c'est ce qui a fait sacrifier toute amélioration du sort de la classe ouvrière à l'étroit égoïsme de la classe bourgeoise, sacrifier aux menues fantaisies d'un fils de roi la somme destinée à l'éducation des fils de cent mille prolétaires; c'est ce qui a maintenu l'impôt sur les boissons et sur le sel, et rejeté les blés étrangers par-delà nos frontières ; c'est ce qui a ouvert nos provinces aux insolentes violences des carlistes, troublé nos villes aux éclats de la voix des prolétaires se frayant une issue sur les places publiques, souillé nos régimens du sang des citoyens, et répandu de toutes parts sur le sol ces étincelles qui allument la guerre civile au sein des nations. Et si l'on vient citer le don de la liste civile et la proposition des céréales pour prétendre que le gouvernement n'a pas toujours strictement agi dans l'intérêt de la classe dont il était issu, je dirai que, dans les douze millions donnés à Philippe, je vois le bourgeois courtisan essayant de faire briller avec de l'or son trône quasi-royal, et dans l'importation des blés le bourgeois prévoyant craignant d'éveiller la colère du peuple et les émeutes de la famine.

Voilà ce qu'a produit et ce que devait nécessairement produire ce gouvernement, qu'on a si bien nommé le gouvernement des bourgeois. L'élément du progrès lui manque, et à l'intervention des prolétaires est attaché l'avenir de la France.

J'ai essayé de montrer dans cet article que le salut et le progrès de la France ne peuvent être assurés que par la représentation véritable de ses intérêts ; j'ai prouvé que deux classes, toutes deux puissantes et toutes deux distinctes, composent la nation, et que le blâme versé dans ces derniers tems sur le gouvernement représentatif ne tombait en réalité que sur le gouvernement oligarchique.

J'aborderai directement la question dans un prochain article, et montrerai comment le gouvernement représentatif dont la monarchie anglaise, la restauration française, la réforme en Angleterre et le gouvernement des États-Unis sont des périodes, accompagnant la civilisation dans son mouvement progressif vers l'égalité, s'avoisine incessamment du peuple qui forme sa dernière limite ; je prouverai que la classe bourgeoise et la classe prolétaire, demeurées seules en France à la suite de la vaine tentative des Bourbons pour reconstruire la noblesse, forment naturellement l'élément aristocratique et l'élément populaire, nécessaires au jeu et à l'équilibre de ce gouvernement ; et il sera alors facile de voir qu'en substituant en effet la bourgeoisie à la noblesse et le prolétariat à la bourgeoisie l'opinion de tant d'esprits distingués qui se sont occupés de cette matière s'applique immédiatement à la représentation simultanée des prolétaires et des bourgeois, et soutient de l'appui de son autorité ce mouvement imposé par la nécessité des tems.

JEAN REYNAUD.

— · · · —

Imprimerie d'Éverat, rue du Cadran, n° 16.